十三届全国人大二次会议《政府工作报告》学习辅导

大幅降低企业税费负担

孙国君　著

中国言实出版社

图书在版编目（CIP）数据

大幅降低企业税费负担 / 孙国君著 . -- 北京：中国言实出版社，2019.3

ISBN 978-7-5171-3104-5

Ⅰ . ①大… Ⅱ . ①孙… Ⅲ . ①企业管理－税收管理－研究－中国 Ⅳ . ① F812.423

中国版本图书馆 CIP 数据核字（2019）第 055236 号

出 版 人：王昕朋
总 监 制：朱艳华
责任编辑：宫媛媛

出版发行 **中国言实出版社**

地　　址：北京市朝阳区北苑路 180 号加利大厦 5 号楼 105 室
邮　　编：100101
编辑部：北京市海淀区北太平庄路甲 1 号
邮　　编：100088
电　　话：64924853（总编室）　64924716（发行部）
网　　址：www.zgyscbs.cn
E-mail：zgyscbs@263.net

经　　销　新华书店
印　　刷　北京温林源印刷有限公司
版　　次　2019 年 3 月第 1 版　　2019 年 3 月第 1 次印刷
规　　格　850 毫米 ×1168 毫米　1/32　0.625 印张
字　　数　8 千字
定　　价　6.00 元　　ISBN 978-7-5171-3104-5

大幅降低企业税费负担

减税降费是既公平又有效率的政策。2018年以来，我国经济发展总体平稳、稳中有进，但经济运行稳中有变、变中有忧，面临新的下行压力，实体经济困难较多，企业特别是小微企业普遍希望能够减轻法定的税费负担。李克强总理在十三届全国人大二次会议上所作的《政府工作报告》（以下简称《报告》），把减税降费作为创新和完善宏观调控的重要举措，结合税制和社保体制改革，推出了一系列将使企业有明显减负感受的举措。

一、实施更大规模的减税

减税能够减轻企业负担、激发市场活力，也是完善税制、优化收入分配格局的重要改革。在连续多年实施较大规模减税政策的基础上，2019年要实施更大规模的减税，普惠性减税与结构性减税并举，重点降低制造业和小微企业税收负担。减税政策主要包括两个方面：

一方面，深化增值税改革，明显降低制造业等行业税负。近年来，我国通过逐步推开营改增试点、简并和降低增值税税率等一系列改革，废止了营业税，实现了增值税对货物和服务的全覆盖，税率档次由 17%、13%、11%、6% 四档简并降低至 16%、10%、6% 三档。其中，16% 一档税率，主要涉及制造业等原增值税行业；10% 一档税率，主要涉及交通运输业、邮政业、建筑业、房地产业、基础电信服务和农产品等货物；6% 一档税率，主要涉及现代服务业、金融业、生活服务业和增值电信服务。目前，增值税已成为我国第一大税种。2018 年增值税收入 6.2 万亿元，占税收收入近 40%。收入规模大，减税的空间也大。不仅如此，增值税链条延伸到国民经济大部分领域，减税的受益面广。深化增值税改革、实施更大规模减税，对当前减轻企业负担、激发市场活力的作用最直接、效果最明显。深化增值税改革主要遵循以下原则：一是以支持制造业为重点，推进更大规模减税；二是兼顾其他相关行业，确保所有行业税负只减不增；三是优化增值税制度，构建更加公平、简捷的税制环境。

综合考虑各方面因素，通过多种方案比选和征求各地意见，《报告》明确提出了今年的增值税改革方案。一是将 16% 一档税率降至 13%，这将使制造业等行业增值税税负大幅度降低。制造业是立国之本、强国之基。必须把推动制造业高质量发展放到更加突出的位置，避免制造业占经济比重过快下降。二是将 10% 一档税率降至 9%，这将使交通运输业、建筑业等行业税负明显降低。在这些行业，劳动密集型企业多，减轻税负有利于稳定和扩大就业。三是保持 6% 一档税率不变。

上述增值税改革方案，确保了制造业等行业税负明显降低，但由于增值税是一个抵扣链条，对于适用 6% 税率的行业，可能因抵扣减少略有增税。为此，改革采取了一系列配套政策，包括增加生产、生活性服务业进项税抵扣等措施。在实际执行中，有关部门还将密切监测相关行业税负变化情况，及时采取配套措施妥善解决问题，确保所有行业税负只减不增。

这样的增值税改革方案，在降低企业税负的同时，也有利于继续向推进增值税税率三档并两档、税制简化方向迈进。目前全球有 160 多个国家和地区征收增值税，其中近一半实行单一税率，五分之一左右实行标准税率加一档低税率，也有超过五分之一实行三档及以上税率。2017年我国已将增值税税率减了一档，目前还有三档。与德国、法国等国家相比，我国产业门类齐全，实行三档增值税税率有一定的合理性。但简并增值税税率档次是大方向，改革后的三档增值税税率，压减了不同税率之间的差距，为进一步简并档次创造了条件，有利于进一步完善增值税制度。

另一方面，加大对小微企业普惠性减税力度。量大面广的小微企业是国民经济的生力军、创新发展的基础、就业的主渠道。中小微企业提供了80%以上的新增就业岗位，创造了60%以上的国内生产总值和50%以上的税收。这些年，政府坚持对小微企业实施减税政策，比如，不断扩大小微企业所得税优惠政策范围，将年应纳税所得额上限从6万元逐步提高到10万元、20万元、30万元、50万元、100万元；统一增值税小规模纳税人年销售额标准至500万元；将创业投资企业、天使投资个人有关税收优惠政策试点范围推广至全国，将科技型中小企业亏损结转年限延长至10年；将金融机构对符合条件的小微企业和个体工商户贷款利息收入免征增值税，单户授信额度上限由 100 万元逐步提高到 500 万元、1000 万元。这些政策有利于降低创业创新成本、增强小微企业发展动力、促进扩大就业，缓解小微企业融资难、融资贵问题。

2019 年支持小微企业的普惠性税收减免措施，一是突出普惠性实质性降税，进一步放宽小型微利企业条件。同时，引入超额累进计税办法，政策覆盖所有扩围后的小型微利企业。二是注重增强企业获得感，按照实打实、硬碰硬的要求，将现行小微企业优惠税种由企业所得税、增值税，扩大至资源税、城市维护建设税、房产税等 8 个税种和 2 项附加。三是坚持切实可行、简明易行、成效显著的原则，通过扩范围、加力度，直接降低实际税负，增强小微企业享受优惠的确定性和便捷度，减少税收遵从成本。

相关减税政策已于年初开始执行。一是大幅放宽可享受企业所得税优惠的小型微利企业标准。此前，小型微利企业需同时满足三个条件，即年应纳税所得额、资产总额和从业人数标准上限分别为 100 万元、工业企业 3000 万元（其他企业 1000 万元）

和工业企业 100 人（其他企业 80 人）。新的政策将此前三个标准上限分别提高到 300 万元、5000 万元和 300 人。对小型微利企业年应纳税所得额不超过 100 万元、100 万元到 300 万元的部分，分别减按 25%、50% 计入应纳税所得额，使税负降至 5% 和 10%。调整后优惠政策将使近 1800 万户企业受益，覆盖 95% 以上的纳税企业，其中 98% 为民营企业。二是提高增值税小规模纳税人起征点。增值税小规模纳税人主要涉及小微企业、个体工商户等，此前起征点为 3 万元，即对月销售额不超过 3 万元的增值税小规模纳税人实行免征增值税的优惠政策。2019 年将增值税小规模纳税人起征点由 3 万元进一步提高到 10 万元。三是对部分地方税种可以实行减半征收。小微企业除缴纳企业所得税、增值税等共享税外，还需缴纳地方税种和相关附加。2019 年允许各省（区、市）政府对增值税小规模纳税人，在 50% 幅度内减征资源税、城市维护建设税、印花税、城镇土地使用税、耕地占用税等 6 项地方税种及教育费附加、地方教育附加。目前绝大部分省份都降低了 50%。四是扩展初创科技型企业优惠政策适用范围。此前，创投企业和天使投资个人投向初创科技型企业可按投资额的 70% 抵扣应纳税所得额。其中，初创科技型企业的主要条件包括从业人数不超过 200 人、资产总额和年销售收入均不超过 3000 万元。2019 年将享受创业投资税收优惠的被投资对象范围，进一步扩展到从业人数不超过 300 人、资产总额和年销售收入均不超过 5000 万元的初创科技型企业。上述政策实施期限暂定三年，预计每年可再为小微企业减负约 2000 亿元。

二、明显降低企业社保缴费负担

2015 年 3 月以来，国务院先后 5 次部署降低或阶段性降低社保费率，涉及企业职工基本养老保险、失业保险、工伤保险和生育保险。全国职工五项社保费率总水平从 41% 降至 36.95%，其中单位的缴费费率从 30% 降至 26.45%，下降 3.55 个百分点，减轻企业缴费负担近 5000 亿元，这对于促进实体经济发展发挥了积极作用。但是，我国社会保险费率水平总体仍然较高，原因是多方面的，主要是制度转轨等历史负担较重，也有社保统筹层次不够高、基金调剂使用能力不够强等因素。2019 年要明显降低企业社保缴费负担。

第一，降低养老保险单位缴费比例。下调城

镇职工基本养老保险单位缴费比例，各地可降至16%。这条措施含金量很高，内涵也比较丰富。一是明确了具体降费幅度，可以降到16%。这样，多数省份费率可由20%降低到16%，降低4个百分点，降低了五分之一，降低幅度前所未有。二是这次降低费率是长期政策，不同于2016年以来实施的阶段性降低费率政策。三是"可降至16%"，增强引导性，但不做统一要求，意味着要由各省去具体落实，这与目前养老保险实行省级统筹、省级政府承担主体责任是一致的。从征求各地意见情况看，绝大部分省份计划把费率降低到16%。

降低养老保险单位缴费比例，是落实党中央、国务院决策部署的重要措施，是降低企业成本、激活市场活力、优化营商环境、助力供给侧结构性改革的迫切需要，实施后将会切实减轻企业社保缴费负担，对稳定企业预期、提振企业信心、稳定就业将发挥积极作用。同时，各地费率降低后，将有利于促进地区之间养老保险费率的逐步统一，促进完善养老保险制度，有利于营造公平竞争环境，促进企业参保缴费。

2018年，社保征收体制改革启动，五项社会保险将由税务部门统一征收。一些企业特别是小微企业担心，征收体制改革可能会明显增加企业负担，也担心对历史欠费进行清缴。对此，2018年9月18日的国务院常务会议明确指出，要按照国务院明确的"总体上不增加企业负担"的已定部署，在机构改革中确保社保费现有征收政策稳定，有关部门要加强督查，严禁自行对企业历史欠费进行集中清缴，违反规定的要坚决纠正，坚决查处征管中的违法违纪行为。2019年的《报告》进一步明确强调，要稳定现行征缴方式，各地在征收体制改革过程中不得采取增加小微企业实际缴费负担的做法，不得自行对历史欠费进行集中清缴。2019年务必使企业特别是小微企业社保缴费负担有实质性下降。

第二，继续执行阶段性降低失业和工伤保险费率政策。这是指现行的阶段性降低失业保险和工伤保险费率的政策再延长一年，也就是目前的阶段性降低费率政策2019年4月30日到期后，继续延长至2020年4月30日，到期后根据基金情况再做安排。这也是继续延续2016年以来的阶段性降费率政策。一是失业保险。从制度运行情况看，目前失业保险基金总体结余较多，但分布不均衡，同时，基金支出范围和规模在不断扩大，如果再加大降费力度存在风险，今后一段时期的关键是落实好阶段性降费率措施，落实好已经出台的通过失业保险基金加大对企业稳岗支持力度的措施，加大对职业技能提升的培训力度，更好地发挥失业保险支持稳就业的作用。二是工伤保险。目前工伤保险实际费率已经不到1%，比多数国家都要低，已无下降空间。总的来说，对失业保险、工伤保险，延续目前的阶段性降低费率政策，是比较稳妥的。

第三，加快完善养老保险制度。2019年的《报告》提出，要加快推进养老保险省级统筹改革，继续提高企业职工基本养老保险基金中央调剂比例、划转部分国有资本充实社保基金。这是进一步落实党的十九大报告关于尽快实现养老保险全国统筹的部署，是落实2018年底中央经济工作会议关于在加快省级统筹的基础上推进养老保险全国统筹的要求。目前，全国31个省份和新疆生产建设兵团全部建立了养老保险省级统筹制度，总体运行平稳，对逐步完善养老保险制度、提高基金抗风险能力具有重要意义，也是推进实现养老保险全国统筹的前提和基础。但目前，部分省份养老保险省级统筹还不够规范，多数省份尚未实现养老保险基金省级统收统支。各省份应当按照要求，加快推进完善养老保险省级统筹，尽快实现基金省级统收统支，实现在全省范围统一筹集使用基金。

企业养老保险基金中央调剂制度已从2018年7月1日起建立实施，迈出了实现养老保险全国统筹的第一步。2018年调剂比例3%，资金已全部调剂到位，有效缓解了部分省份养老保险基金的支付压力，也为此次实施降低费率政策提供了有力支持。2019年，将继续实施养老保险基金中央调剂制度，提高调剂比例，确保中央调剂基金按时足额调剂到位，进一步平衡地区之间的基金负担。

第四，确保养老金按时足额发放。降低社保费率这一重大决策，统筹考虑了当前经济运行和企业生产经营情况、未来人口老龄化对基金支付压力，以及基金收支的地区性差异等多种因素，能够有效降低企业缴费成本，也能够确保基金运行不发生系统性风险。《报告》明确指出，我们既要减轻企业缴费负担，又要保障职工社保待遇不受影响、养老金合理增长并按时足额发放，使社保基金可持续、企业与职工同受益。

从目前企业养老保险制度运行情况看，近几年总体呈现稳中向好的态势，基金收入持续增长，当期总体收大于支并有一定结余，目前累计结余达到4万多亿元，可以支付17个月以上，全国社会保障基金还有2万多亿元的战略储备，保障能力较强。经过精算分析，养老保险费率降低后，总体上仍能够保持当期收大于支，不会影响养老保险制度整体的正常运行。同时，将通过加快推进省级统筹、提高养老保险基金中央调剂比例、划转部分国有资本充实社保基金等措施，提高养老保险基金的调剂使用效率，拓宽筹资渠道，确保全国退休人员基本养老金按时足额发放是不存在问题的。

综合以上两方面减税降费措施，2019年全年将减轻企业税收和社保缴费负担近2万亿元，减负力度是空前的，也是世界任何国家没有的。这不可避免会给各级财政带来很大压力。《报告》强调，为支持企业减负，各级政府要过紧日子，想方设法筹集资金。中央财政要开源节流，增加特定国有金融机构和央企上缴利润，一般性支出压减5%以上、"三公"经费再压减3%左右，长期沉淀资金一律收回。地方政府也要主动挖潜，大力优化支出结构，多渠道盘活各类资金和资产。要切实让市场主体特别是小微企业有明显减税降费感受，坚决兑现对企业和社会的承诺，困难再多也一定要把这件大事办成办好。

三、以改革推动降低涉企收费

名目繁多的涉企收费，不仅给企业带来较重的经营性成本负担，也增加了制度性交易成本。近年来国家连续出台了一系列清理涉及企业收费的举措，企业负担明显减轻，收费秩序明显好转，但收费多、收费乱等问题尚未得到根治，企业的用能、物流等生产经营成本依然比较高。2019年要用改革的办法，继续推动降低涉企收费。

第一，进一步降低企业用电成本。我国电价由上网电价、输配电价、线损折价、政府性基金及附加构成。销售电价分为四大类，大工业电价，平均价格为每千瓦时0.64元（含税，下同）；一般工商业电价，平均价格为每千瓦时0.72元；居民电价，平均价格为每千瓦时0.55元；农业电价，平均价格为每千瓦时0.48元。从整体上看，我国终端销售电价总水平约为每千瓦时0.64元，在国际上处于中等偏下水平。其中，工业用电平均价格约为每千瓦时

0.64 元，处于中等水平。根据国际能源署统计，折合人民币美国为 0.47 元，芬兰为 0.50 元，匈牙利为 0.58 元，德国和日本为 1.07 元，法国为 0.74 元。我国居民电价平均约每千瓦时 0.55 元，在国际上处于偏低水平，折合人民币美国为 0.83 元，法国为 1.22 元，英国为 1.47 元，日本为 1.54 元，德国为 2.47 元。

尽管我国居民和农业用电价格相对较低，但工业特别是一般工商业用电价格还有一定可降的空间。2018 年一般工商业电价降幅超过 10%，平均降价每千瓦时 0.08 元以上，按年计算可减少工商业用电成本 1000 亿元以上。2019 年的《报告》提出，要降低制造业用电成本，一般工商业平均电价再降低 10%。主要通过以下举措实现：一是深化电力市场化改革。2018 年全社会用电量为 6.84 万亿千瓦时，市场化交易电量达到 2.17 万亿千瓦时，占比超过 30%。从各地实践看，电量市场化交易有比较明显的降价效果。2019 年市场化交易电量比重将进一步提高，有利于推动电价下行。二是国家降低增值税税率和社保费率，将降低发电企业和电网企业生产经营成本，可以释放一定电价调整的空间。三是清理电价附加收费。目前在电价中附加的政府性基金合计为 0.29 元，包括大中型水库移民后期扶持基金、重大水利工程建设基金等，有些附加收费要逐步降低或到期后不再征收，一定程度上可降低实体经济用电成本。

第二，切实降低物流成本。近些年，我国物流总费用占国内生产总值的比例逐年下降，2014 年为 16.6%，2015 年为 15.7%，2016 年为 14.9%，2017 年为 14.6%。但相比发达国家仍然明显偏高。这除了与经济结构等因素有关外，收费高、效率低是重要原因。2019 年要多措并举进一步降低企业物流成本。一是深化收费公路制度改革，推动结构性降费。加快修订出台《收费公路管理条例》。在 2018 年选择部分高速公路开展分时段差异化收费试点的基础上，全面推广高速公路差异化收费，完善货车使用 ETC 非现金支付等优惠政策。规范公路执法行为，治理对客货运车辆不合理审批和乱收费、乱罚款。二是加快取消省界收费站，提高通行效率。高速公路在发展初期都是按照项目设站收费，随着路网逐步形成和科技进步，收费管理方式逐步得到优化。2004 年基本实现省内联网收费，2007 年组织开展京津冀和长三角地区 ETC 联网收费，2015 年 29 个联网收费省份实现高速公路 ETC 联网运营。2018 年开始推动取消省界收费站，苏鲁之间和川渝之间率先取消了所有的 15 个省界收费站，省界通行能力明显提高。目前全国还有 229 个省界收费站，将在总结试点经验基础上，推动全国联网，力争两年内基本取消高速公路省界收费站，实现不停车快捷收费，减少拥堵、便利群众。三是取消或降低一批铁路、港口收费。清理规范铁路运输企业开展专用线、专用铁路、自备货车、自备机车等铁路运输设备代维护、维修及运用环节相关服务收费。进一步开放专用线代运营代维护、自备车检修、铁路运输两端短驳等市场，允许工程施工、装备制造、社会物流企业等参与并提供相关服务，促进降低铁路物流成本水平。支持铁路运输企业开展载运工具共管共用试点，降低企业自备载运工具运用成本。完善铁路运价灵活调整机制，进一步清理规范铁路货运经营服务性收费，推动货物运输由公路向铁路转移。进一步优化通关流程和作业方式，推动精简进出口环节监管证件，加快推进口岸降费提效工作。严格执行行政事业性收费清单管理制度，未经批准，一律不得新设涉及进出口环节的收费项目。鼓励竞争，破除垄断，推动降低报关、货代、船代、物流、仓储、港口服务等环节经营服务性收费。调整进口许可管理货物目录，减去已无必要监管的产品。降低政府定价项目的收费标准，规范经营服务标准和内容，建立健全规范口岸管理长效机制，降低进出口环节合规成本。

第三，专项治理中介服务收费，继续清理规范行政事业性收费。进一步治理各种中介服务乱收费，斩断"红顶中介"与行政机关的利益关联，破除服务垄断，坚决杜绝中介机构利用政府影响违规收费。对串通操纵服务价格甚至欺诈勒索的各类"红顶中介""灰中介""黑中介"，要依法整治和打击。进一步推动行业协会商会与行政机关脱钩，优化行业协会商会结构布局。行业协会商会服务项目收费情况要向社会公开，取消不合理收费项目，合理设置会费档次，降低盈余较多的服务项目收费标准，不得以强制捐赠、强制赞助等方式变相收费，减轻企业负担，切实提高服务质量。继续清理规范政府性基金和行政事业性收费，加快推进地方涉企行政事业性收费零收费。对已明令取消、停征、免征的行政事业性收费项目，要确保落实到位；对变换名目转为经营服务性收费继续收取的，要予以纠正。

第四，加快收费清单"一张网"建设。目前已经建立了涉企收费清单制度，涉企行政事业性收费、涉企经营服务收费等目录清单已经向社会公布，实现了全国"一张网"管理，这对规范涉企收费十分重要。"一张网"作为涉企收费的依据，不仅要建设好、维护好，还要联通好、使用好，让收费公开透明，让乱收费无处藏身。这需要加强日常管理，进行动态调整，明确责任主体，强化督导落实。目录清单之外的收费，企业有权拒绝，可以举报和投诉。还要完善乱收费查处机制，对发现的乱收费行为坚决查处和整治，对相关单位和责任人坚决问责。